AGES RURAUX

ET

COUTUMES

DU

Canton Nord-Ouest d'Angers

En vente dans toutes les Librairies d'Angers

ANGERS

IMPRIMERIE HUDON FRÈRES

PLACE SAINT-MARTIN

1899

USAGES RURAUX

ET

COUTUMES

DU

Canton Nord-Ouest d'Angers

———╪———

En vente dans toutes les Librairies d'Angers

———╪———

ANGERS

IMPRIMERIE HUDON FRÈRES

PLACE SAINT-MARTIN

——

1899

Avertissement de l'Éditeur

———❖———

Les Usages du Canton Nord-Ouest d'Angers ont été plusieurs fois édités, et pourtant ceux qui voudraient aujourd'hui les acquérir auraient peine à s'en procurer un exemplaire: c'est pourquoi nous avons résolu de les imprimer à nouveau.

Nous nous sommes bornés dans cette édition à reproduire littéralement et scrupuleusement le texte d'un manuscrit qui est déposé au Greffe de la Justice de Paix, et nous espérons que cette publication sera utile à tous ceux qui ont quelque intérêt dans ce canton.

TABLEAU *des Distances des Communes du canton Nord-Ouest d'Angers au chef-lieu de canton.*

Nos D'ORDRE	NOMS DES COMMUNES	DISTANCES de CHEF-LIEU DE CANTON	
		Myriamètres	Kilomètres
1	Angers (N.-O).......	»	»
2	Avrillé.............	»	4
3	Beaucouzé	»	6
4	Bouchemaine........	»	8
5	Cantenay-Epinard....	»	8
6	Juigné-Béné........	1	»
7	St-Lambert-la-Potherie..	»	9
8	La Meignanne.......	1	2
9	Montreuil-Belfroy....	»	8
10	Le Plessis-Macé	1	3
11	La Membrolle.......	1	4

NOTA. — Le point de départ d'Angers pour toutes les distances du département est le milieu du pont du Centre.

USAGES RURAUX

ET

COUTUMES

DU

Canton Nord-Ouest d'Angers

Cet ouvrage se compose de six chapitres :

Le premier comprend les usages relatifs au loyer des maisons.

Le deuxième, ceux relatifs à la jouissance des biens ruraux en corps de ferme.

Le troisième, ceux relatifs aux terres volantes.

Le quatrième, ceux relatifs aux bois taillis.

Le cinquième, ceux relatifs aux vignes.

Le sixième, ceux relatifs au louage des domestiques.

MESURES

La corde de bois doit avoir :

En longueur	8 pieds 4 pouces,	2^{m}78
En hauteur	4 — 2 —	1^{m}39
En largeur	— 32 —	0^{m}78

La charretée de paille comprend 1050 kilog.

La charretée de foin comprend 1050 kilog.

Les fûts, sauf convention contraire, appartiennent au vendeur.

MESURES
vulgairement employées dans le canton pour terres, prés et vignes.

1° La boisselée est de : 6 ares, 60 centiares.

2° L'arpent de pré est de : 10 boisselées.

3° Le quartier de vigne est de : 60 ares 60 centiares.

CHAPITRE PREMIER

Usages relatifs au louage des Maisons

Les locataires qui jouissent sans bail, sont considérés comme ayant loué pour un an.

L'époque d'entrée et de sortie est généralement fixée :

Au 24 juin, pour les maisons situées dans les limites de l'octroi, et au 1er novembre pour celles qui sont au-delà de cette limite.

S'il dépend des maisons comprises dans la limite de l'octroi, un jardin qui soit considéré comme l'objet principal de location, c'est au 1er novembre que se trouve fixée la date d'entrée et de sortie.

Congé. — Quand un locataire jouit sans bail ou si celui qu'il avait s'est continué par tacite reconduction, il est nécessaire que la partie qui veut faire cesser la jouissance donne congé à l'autre partie, savoir :

Pour une portion de Maison, trois mois avant l'époque de sortie.

Pour une Maison entière, six mois auparavant, à moins toutefois qu'il ne dépende de la location un *Jardin* qui soit considéré comme l'objet principal, dans ce dernier cas, le congé doit être donné un an avant la sortie.

Pour une Boutique, le congé doit être donné six mois d'avance. Pour une portion de maison servant d'*Auberge* ou de *Cabaret*, le congé doit être donné six mois d'avance, si cette portion de maison servait à cet usage avant la location.

Pour un Jardin seul, six mois d'avance.

Termes de paiement. — Le prix des maisons comprises dans les limites de l'octroi se paie en deux termes égaux à Noël et à la Saint-Jean.

Celui des maisons situées en dehors de cette limite se paie en un seul terme au 1er novembre, il en est de même pour les locations dont le jardin forme l'objet principal, quoique comprises dans la limite de l'octroi.

Impôts. — Les impôts des portes et fenêtres sont à la charge du locataire, sauf stipulation contraire.

Les portes des corridors doivent être fermées au loquet à la chute du jour.

Les *Séchoirs* sont assimilés aux jardins, pour lesquels il faut donner congé six mois d'avance.

Pour une Chambre garnie, louée à l'année, le congé doit être donné six mois à l'avance, et quinze jours seulement si elle est louée au mois.

Si le *lieu de paiement* n'est pas fixé, il doit avoir lieu au domicile du bailleur, s'il habite la commune.

Le ramonage des cheminées est à la charge des locataires.

Quand l'*eau de pluie* pénètre dans les caves, le propriétaire doit les faire vider.

CHAPITRE II

Usages relatifs aux Biens ruraux en Corps de ferme

Une propriété est réputée *corps de ferme* quand elle joint à une habitation rurale une quantité de terre suffisante pour que ces terres forment l'objet principal du bail, et que l'habitation ne soit que l'accessoire.

Ces corps de ferme s'appellent *Métairie*, quand il y a des bœufs, *Closeries*, quand il n'y en a pas.

Ils s'afferment, soit à prix d'argent, soit à moitié fruits, et prennent alors le nom de *Colonie partiaire*.

§ Ier

Usages applicables
au deux modes d'affermage

Le *Bail* commence et finit au 1er novembre, cependant l'aménagement et le déménagement n'ont lieu que le 2.

La *durée du Bail* verbal (ou du bail écrit qui s'est continué par tacite reconduction) est de trois ans pour les métairies et de deux ans pour les closeries.

Congé. — Il suffit à la partie qui veut cesser ou faire cesser la jouissance, de prévenir l'autre partie en lui donnant congé un an avant la fin du bail commencé.

Le Droit de chasse et de pêche sont toujours censés appartenir au propriétaire et réservés par lui.

Réparations. — Le fermier doit entretenir les biens en bon état de réparations locatives.

Ces réparations, outre celles mentionnées en l'article 1754 du Code civil, sont :

L'entretien de l'aire, des maisons et greniers carrelés ou en terre ; du carrelage des fours ;

L'entretien des couvertures en ardoises ou en paille. Pour les premières, le fermier doit la main-d'œuvre, les ardoises et les clous ; pour les couvertures en paille, la paille est prise sur les lieux. Mais s'il arrive, sans qu'on puisse l'imputer à la négligence du fermier, qu'une ouverture de plus d'un mètre se produise dans la toiture, la réparation reste à la charge du propriétaire.

Le fermier est en outre chargé de l'entretien des *haies, fossés* et *rigoles*, ainsi que de celui des *échelles, claies, échalas, rateliers, mangeoires, crèches* et *auges*, mais la loi est muette à l'égard du blanc, on ne peut donc à la rigueur l'exiger, cependant il est juste de le faire à la sortie, s'il a été fait à l'entrée en jouissance.

Le fermier doit l'entretien des grosses *Bar-*

rières, mais le propriétaire fournit le bois nécessaire pris debout sur les lieux.

Fossés. — L'ouverture des fossés est de 1ᵐ 33. Le rejet du talus est toujours du côté dont le fossé dépend. Il existe en outre du côté opposé au rejet, une bande de terre appelée *Pas de Bœuf*, destinée à soutenir les terres de l'héritage voisin ; sa largeur est de 0ᵐ 16 à 0ᵐ 17 pour les terres compactes et de 0ᵐ 33 pour les terres légères ; l'usage en permet le parcours et le pâturage au propriétaire limitrophe.

La profondeur des fossés est subordonnée au bon écoulement des eaux ; la largeur de leur fond doit être de 0ᵐ 33.

Les réparations des haies et fossés sont faites aux époques fixées ci-après pour la coupe des bois. Le défaut d'entretien des fossés dans les conditions ci-dessus indiquées, rend le fermier *responsable* soit envers le propriétaire, soit envers les *Tiers*.

Les fossés séparant les prairies qui bordent les rivières et nommés : *Boires*, sont présumés mitoyens entre les riverains.

Foins. — Pailles. — Engrais. — Le fermier doit employer à l'amélioration du lieu, les foins, pailles, chaumes et fourrages de toute espèce, litières et engrais quelconques qui s'y trouvent produits, ainsi que les cendres et charrées, sans pouvoir en vendre ni enlever aucune, même à sa sortie.

Toutes les *racines fourragères* telles que carottes, betteraves, navets, pommes de terre, ne peuvent être vendus, à moins que la quantité récoltée n'excède les besoins de la ferme.

Labours. — Les labours sont faits : avant le 30 avril pour les vieilles pâtures ; avant le 31 mai pour les chaumes de l'année précédente ; avant le 15 juillet, pour les trèfles de plus d'un an ; et du 1er au 15 octobre pour les trèfles d'un an.

Ensemencés. — Le tiers des terres arables doit être ensemencé en froment ou seigle dans les métairies ; la moitié dans les closeries. La quantité de semence varie suivant la nature du sol. La *mesure des champs* comprend les haies et fossés qui en dépendent.

Prairies. — Les prairies naturelles doivent être fauchées le plus ras possible et lors de la maturité des foins. Elles sont fermées pour le pacage le 1er février. Les rigoles d'égouttement et celles d'irrigation doivent être réparées du

1er novembre au 1er janvier ; dans les prairies, les taupes sont détruites le plus possible. Les taupinières et les fourmilières sont étendues de manière que le sol soit convenablement aplani.

Les terres de labour, une fois converties en prairies naturelles, ne peuvent plus être remises en culture qu'avec le consentement du propriétaire.

Plantations. — Lorsque le bail porte que le fermier est obligé de planter des arbres, s'il n'est pas expliqué qu'ils sont livrés, pris et vifs, l'usage veut que, lors de la sortie, on en déduise un tiers du nombre que devait le fermier.

Emondes. — Les émondes des arbres appelés têtards appartiennent au fermier qui doit abattre le bois à sept ou neuf ans, par coupes à peu près égales, sans distinction entre le chêne, le châtaignier, le frêne, l'ormeau et autres bois durs ; les émondes sont coupés ras et de rang sans interruption dans chaque haie. Les saules, aulnes, léards et autres bois blancs sont émondés à cinq ans.

Epines. — Les épines et broussailles qui

forment les haies se coupent tous les cinq ans, en ayant soin de ménager les renaissances et jeunes arbres qui s'y trouvent, sans pouvoir les couronner, si ce n'est avec l'autorisation du propriétaire.

Époque de la Coupe des Bois. — Toutes les coupes de bois émondables sont faites avant le 15 avril, les fossés sont réparés à la même époque, autant que possible.

Clôture des prés. — La clôture des prés naturels est faite par le fermier sortant avec les épines qui lui appartiennent:

Foins. — Le fermier ne peut, dans l'année de sa sortie, faire consommer que le tiers des foins naturels pris dans les prés bons ou mauvais. Tous les foins artificiels lui appartiennent, à l'exception des luzernes qui sont considérées comme foins naturels.

Fermier entrant. — Le fermier entrant fauche, fane, engrange, met en barge les deux tiers des foins et luzernes qui doivent lui rester, mais le sortant les charroie et, par compensation, les gerbes de son arrière levée sont voiturées par son successeur.

Fermier sortant. — Le fermier sortant, dans l'année qui précède sa sortie, ensemence en blé, froment ou seigle, le tiers des terres labourables, il peut disposer d'un autre tiers pour des verts et menus grains, mais, pour son arrière récolte, le fermier sortant ne peut cultiver que le tiers des terres labourables qu'il sème en gros blé. Le *fermier entrant* partage avec lui, par moitié, le produit de l'ensemencé, à la charge par lui de fournir la moitié des semences.

Dernière récolte. — Si le fermier sortant a seul fourni les semences, il les prélève. Tous les travaux nécessaires à cette arrière récolte sont faits par le fermier sortant, qui doit payer le tiers de l'impôt de l'année qui suit sa sortie ; mais le fermier entrant paie seul le prix de ferme et il acquitte également les prestations en nature à partir du 1er janvier qui suit son entrée, lors même que les prestations seraient portées au rôle des contributions au nom de son prédécesseur.

Le fermier *entrant* a le droit d'exploiter dans l'année de la sortie de son prédécesseur le quart des terres restées en jachères, c'est-à-dire le douzième des terres labourables. Il les plante en *choux* et sème des *coupages*.

Le fermier *sortant* fournit la moitié du plant de choux et profite jusqu'au 1er novembre, jour de sa sortie, des basses feuilles qui jaunissent, mais sans pouvoir nuire à la croissance des choux.

L'*entrant* peut semer des trèfles dans les blés du fermier *sortant*, mais sans pouvoir faire aucun labour.

Pailles. — L'entrant a le droit, en cas d'insuffisance de son tiers des foins, de consommer les pailles nécessaires à la nourriture de ses bestiaux, jusqu'au 1er novembre, jour de sa sortie, mais sans pouvoir en employer plus du tiers.

Arrière récolte. — Le fermier sorti fait tous les travaux de l'arrière récolte, il fournit les instruments, les hommes et les chevaux qui sont nécessaires, ainsi que la nourriture.

L'entrant fournit sa maison pour la cuisson des aliments et pour y prendre les repas, et ses écuries pour le logement des chevaux.

Le bois nécessaire pour la cuisine des hommes employés aux travaux de l'arrière récolte est fourni par le fermier sorti.

Le fermier doit, dans l'*année de sa sortie,* se comporter en tout généralement co   'il

devait continuer d'exploiter. C'est sur cette règle que sont jugées toutes les contestations à cet égard.

La *prescription* lui est acquise un an après sa sortie, relativement à tous dommages-intérêts qu'il pourrait devoir pour mauvaise gestion.

§ II

Usages applicables seulement aux Baux à prix d'argent

Le fermier fournit tous les bestiaux, instruments aratoires et semences nécessaires à l'exploitation.

Prix de ferme. — Le prix de ferme se paie généralement en deux termes égaux : le premier paiement a lieu au **1er** novembre qui suit l'entrée dans la ferme; le second, à la Fête-Dieu suivante, et ainsi de suite; mais la dernière année, le prix de ferme est payé en entier le 1er novembre avant de rien enlever.

Les *charrois* réservés par le propriétaire et à son profit, doivent être faits chaque année et ne peuvent pas être reportés d'une année sur l'autre.

§ III

Usages applicables aux Baux
à moitié fruits

Bestiaux, Semences. — Le fermier fournit la moitié des bestiaux et des semences de toute nature nécessaires à l'exploitation du lieu et tous les instruments aratoires.

Fruits. — Tous les fruits naturels et industriels se partagent par moitié entre le propriétaire et le fermier, à l'exception seulement de ceux qui doivent être consommés sur le lieu pour la nourriture des bestiaux.

Volailles. — Les volailles de toute espèce sont comprises dans ce partage.

Abeilles. — Les abeilles sont censées appartenir en totalité au fermier.

Légumes. — Le fermier peut cultiver dans son jardin les légumes nécessaires à son ménage, le surplus rentre dans la catégorie des produits communs.

Travaux. — Le fermier exécute à ses frais tous les travaux de culture et d'exploitation. Les bestiaux qui garnissent la ferme ne peuvent être employés à aucun travail étranger à l'exploitation sans le gré du propriétaire.

Le fermier ne peut, sans le consentement du propriétaire, vendre, changer ni acheter aucun bétail.

Elèves. — Le fermier doit également se conformer à la volonté du bailleur pour l'espèce et la quantité des élèves de toute nature, ainsi que pour le choix des semences, la quantité et le genre des diverses cultures et la forme des labours.

Saillie. — Le propriétaire indique les femelles qui doivent être saillies et le choix des étalons et paie la moitié de la saillie.

Veaux. — Les veaux mâles et femelles ne sont pas sevrés avant quatre mois.

Récolte. — La récolte et le battage des blés sont faits par le fermier et à ses frais. Les grains et graines de toute espèce sont convenablement nettoyés au tarare; les lins et chanvres broyés ou teillés; les fruits à couteau cueillis à la main; les *cidres* faits à mesure de la maturité des fruits et entonnés avant le partage. Il ne peut être fait de petit cidre qu'avec l'agrément du bailleur.

Charrois. — La moitié de tous les produits revenant en moyenne au propriétaire doit être transportée au lieu qu'il indique, dans un rayon de deux myriamètres. Ce transport, dans le cas de changement de fermier, se fait par celui qui occupe la ferme et non par celui qui est sorti.

Vente des bestiaux. — Le fermier doit conduire à ses frais aux foires ou marchés désignés par le propriétaire, les bestiaux destinés à être vendus, et remettre à celui-ci, à son domicile, la moitié du produit de la vente. Les droits de *péage* aux foires, pour passage sur les ponts et autres dépenses pour les bestiaux sont supportés en commun.

Vétérinaire. — Le salaire du vétérinaire est payé par moitié par le propriétaire et le fermier.

Engrais. — Les engrais étrangers sont aussi payés par moitié et voiturés par les attelages du lieu, aux frais du fermier qui les prend aux endroits où la vente s'en fait ordinairement.

Pommes de terre. — Le fermier peut disposer à son profit particulier d'une portion de pommes de terre ou d'autres racines fourragères égale à celle que le propriétaire prend pour lui-même; mais si celui-ci n'en prend pas, le fermier peut toujours employer six hectolitres de pommes de terre pour son usage.

CHAPITRE III

Usages applicables aux terres volantes

Les terres volantes sont celles qui se louent sans habitation ou qui ne forment pas un corps de ferme.

Durée du bail. — Le bail est présumé fait pour un an sans qu'il soit besoin de la part du propriétaire ou du fermier de se donner congé, pour faire cesser l'exploitation à la fin de l'année.

Avertissement. — Mais si le fermier a continué à jouir après la première année, les parties doivent alors se prévenir réciproquement six mois à l'avance pour cesser ou-faire cesser la jouissance au 1er novembre, qui est généralement l'époque à laquelle commence la jouissance de ces terres.

Culture. — Le fermier cultive et exploite comme bon lui semble les terres qui sont ainsi affermées, sans pouvoir cependant changer leur nature, et à la condition de les fumer convenablement chaque fois qu'elles sont ensemencées.

Le fermier dispose à son gré des foins, pailles, chaumes et produits quelconques qu'il récolte même dans la dernière année de sa jouissance.

Bois. — Les bois et épines sont coupés aux mêmes époques que dans les fermes.

Réparations. — Le fermier doit la réparation des haies et fossés qui accompagnent toujours la coupe de ces bois et épines.

CHAPITRE IV

—

Usages concernant les Bois-Taillis

Coupes. — Les bois-taillis sont coupés, savoir :

1º Le chêne à neuf ans ;
2º Le châtaignier à six ans.

Cette distinction s'établit selon que l'une ou l'autre essence domine.

Aménagement. — S'il y a un aménagement formé, le fermier doit le suivre sans s'en écarter.

Il ne peut réclamer d'indemnité pour les sèves que leur âge ne lui a pas permis de couper.

Haies. — Les bois existant sur les haies sont coupés comme le taillis lui-même et les haies et fossés sont réparés en même temps par le fermier.

Bruyères, Bois mort. — Les bruyères et bois morts ne doivent pas être coupés avant le taillis; les feuilles, gazons, glands, faines, ne doivent pas être enlevés.

Pâture. — Les fermiers ne doivent jamais mettre des bestiaux à paître dans les taillis sans l'autorisation expresse du propriétaire.

Les bois de châtaigniers doivent être nettoyés et vidangés au 1er avril et les bois de chêne au 15 mai.

CHAPITRE V

Usages concernant les Vignes

Les vignes reçoivent deux façons :

Le déchaussage au mois de mars;

Le béchage au mois de juin.

On taille à deux nœuds, à un ou deux bourgeons par tête, suivant la force du cep.

La vigne doit être plantée à 0m 50 du terrain appartenant au propriétaire voisin,

CHAPITRE VI

Du louage des Domestiques

(Applicable aux Domestiques ruraux)

Le louage des domestiques commence au 24 juin, jour Saint-Jean de chaque année.

Métiviers. — Dans les fermes il y a encore les métiviers qui se louent de la Saint-Jean à la Saint-Martin.

Résiliation. — La résiliation de ce contrat de louage peut avoir lieu avant son exécution; elle donne lieu alors aux indemnités ci-après spécifiées et qui sont dues par celle des parties qui a causé la résiliation.

Arrhes. — Si la résiliation a lieu plus de deux mois avant l'entrée au service et si elle vient du fait du maître, celui-ci perd les arrhes ou Denier-à-Dieu qu'il a donnés. Si la résiliation, dans le même délai, vient du fait du domestique, celui-ci rend le double des arrhes qu'il a reçues.

Si la résiliation a lieu dans les *deux mois* qui précèdent l'entrée au service, l'indemnité de part et d'autre est du vingtième au tiers des gages de toute l'année, suivant l'époque plus ou moins rapprochée de l'entrée au service.

Si la résiliation a lieu pendant le *cours du louage*, les indemnités sont réglées sur les bases posées par l'article précédent, c'est-à-dire qu'elles ne peuvent être inférieures au vingtième ni supérieures au tiers des gages pour l'année entière.

Le Jardinier est assimilé aux domestiques de ferme.

Les *indemnités* sont plus ou moins élevées en raison du préjudice plus ou moins grand résultant de l'époque à laquelle a lieu la résiliation.

Si cette résiliation a lieu du 1er mai au 1er novembre inclusivement et que ce soit par la faute du domestique, l'indemnité est due toute entière par lui; si c'est par la faute du maître, l'indemnité est moitié moindre.

Si, au contraire, la résiliation a lieu du 1er novembre au 1er mai, et que ce soit par la faute du maître, l'indemnité est supportée toute entière par lui; si c'est par la faute du domestique, l'indemnité est moitié moindre. Sauf, dans tous les cas, l'appréciation des motifs et circonstances de la résiliation.

Les *Arrhes* et *Deniers-à-Dieu* font partie du prix de louage et entrent dans le calcul des indemnités fixées ci-dessus.

La remise des arrhes ne dispense pas du paiement de l'indemnité.

L'excuse, tirée du fait qu'un domestique se marie ou apprend un état, n'est pas admissible.

Si le fermier *cesse d'exploiter*, le domestique peut résilier le louage sans indemnité, ou rester au service du nouveau fermier; si celui-ci n'accepte pas ses services, le domestique peut exiger une indemnité du fermier sortant ou de ses héritiers, s'il est mort.

Si le successeur est héritier du fermier décédé pendant le cours de l'année, la convention de louage n'est pas modifiée.

§ II

Domestiques urbains

Ces domestiques ne peuvent être congédiés, ni quitter leur service qu'après un avertissement donné huit jours à l'avance.

Si le domestique veut sortir sans donner ses huit jours, le maître lui retient pour toute indemnité le décompte de huit jours de gages. Si le maître renvoie immédiatement le domestique, il doit lui payer le prorata de huit jours de gages, sans aucune indemnité supplémentaire pour la nourriture et le logement. Les indemnités et avertissements sont respectivement obligatoires, sauf l'appréciation par le tribunal des circonstances qui ont motivé le renvoi ou la sortie immédiate.

Les *Patrons* et *Ouvriers* se préviennent ordinairement huit jours d'avance, et les règles ci-dessus doivent leur être appliquées ; à moins que le patron n'ait affiché dans son établissement un délai, qui, dans ce cas doit être respecté.

TABLE DES MATIÈRES

CHAPITRE PREMIER

CHAPITRE II

§ III

CHAPITRE III

CHAPITRE IV

CHAPITRE V

CHAPITRE VI

§ II

ANGERS, IMPRIMERIE HUDON FRÈRES